LIGUE MARSEILLAISE

POUR

LA DÉFENSE

DE

LA MORALITÉ PUBLIQUE

(Traite des Blanches, Licence des Rues)

～～◦◦◦～～

ASSEMBLÉE GÉNÉRALE

TENUE LE 26 AVRIL 1904, AU PALAIS DE JUSTICE

Discours de M. E. DELIBES, Président

Rapport de M. Augustin GARDAIR, Secrétaire-Général

Rapport de M. Charles VINCENS, Trésorier

MARSEILLE

TYPOGRAPHIE ET LITHOGRAPHIE BARLATIER

Rue Venture, 19

—

1904

LIGUE MARSEILLAISE

POUR

LA DÉFENSE DE LA MORALITÉ PUBLIQUE

(Traite des Blanches, Licence des Rues)

—∘o°o∘—

DISCOURS

de M. E. DELIBES, président

MESDAMES, MESSIEURS,

Nous avions espéré que celui que nous regardons comme l'inspirateur de notre Ligue, comme notre guide le plus expérimenté, M. le sénateur Bérenger, viendrait présider cette première Assemblée Générale, et nous éclairer, nous encourager encore de sa parole si convaincue, si persuasive. Malheureusement son état de santé ne lui permet pas de se déplacer en ce moment. Il s'en excuse dans une lettre qu'il nous adresse, et qui témoigne encore de sa constante préoccupation et de ses vœux pour notre œuvre commune. Vous me reprocheriez de ne pas vous en donner connaissance. Je prie donc M. le Secrétaire Général de vous en faire la lecture.

LETTRE

de M. le Sénateur BÉRENGER

Paris, le 20 avril 1904.

Mon cher Président,

J'ai un vif regret de ne pouvoir assister à la réunion de la Ligue pour la défense de la moralité publique, à laquelle vous avez bien voulu me convier.

Je vous prie d'en présenter mes excuses aux vaillants membres de votre Société ; s'ils se souviennent de la part que j'ai eu le plaisir et l'honneur de prendre à son organisation, ils ne seront pas surpris de l'intérêt chaleureux avec lequel je n'ai cessé de suivre leurs efforts dans le double but qu'ils se sont proposé et le développement de leur œuvre.

Notre Société de Paris, à laquelle j'en ai souvent rendu compte, leur en adresse par ma bouche ses sincères félicitations.

Vous avez beaucoup fait pour arrêter le débordement toujours renaissant, malgré les résultats relatifs parfois obtenus, des exhibitions et des publications licencieuses.

Votre activité n'a pas été moindre en ce qui touche la répression, et, ce qui est mieux encore, la prévention de l'abominable commerce de la traite des Blanches. Votre entente avec les compagnies de navigation pour la surveillance des départs et des arrivées par paquebots et

votre lettre aux capitaines de navire sont particulière-
ment à remarquer. Nous en avons signalé l'heureuse
organisation à tous nos amis des autres ports de mer et
nous attendons d'heureux effets des tentatives qu'ils
feront pour vous suivre dans la voie que vous leur avez
ouverte.

L'union entre toutes les œuvres que rattachent les
mêmes préoccupations sera toujours un des moyens les
plus efficaces d'obtenir de sérieux résultats.

Nous venons d'établir à cet égard d'étroites relations
avec la Ligue de la Moralité publique et des diverses
Sociétés qui s'occupent de la protection de la jeune fille.
Je sais que de votre côté vous avez réalisé le même
accord. Espérons que l'harmonie ainsi créée entre tous
les artisans de la même œuvre multiplieront nos moyens
et nos succès.

Votre bien dévoué.

R. BÉRENGER.

Nous sommes certainement très touchés des félicitations de notre cher Président, de ses bonnes et fortifiantes
paroles, — mais nous n'en regrettons pas moins son
absence.

Je la regrette, moi personnellement, parce que nul
n'était mieux qualifié que M. Bérenger pour saluer et
remercier toutes les notabilités de notre grande Cité qui
ont bien voulu répondre à notre invitation et nous
apporter par leur présence même un puissant concours
moral.

Je vous salue et vous remercie sans doute du même
cœur que ferait M. Bérenger, mais quoique son égal,

hélas ! par le nombre des années (il y a plus d'un demi-siècle que nous étions sur les mêmes bancs, dans le même Lycée !) je ne saurais prétendre à l'autorité de parole, à la compétence de mon illustre condisciple, du juriste éminent dont toute la science, tous les efforts ont pour but d'*humaniser* la loi, c'est-à-dire d'y introduire plus de pitié dans l'application, sans l'énerver dans son effet, — mais en même temps d'en étendre l'action préventive et répressive contre des délits d'un nouveau genre, jusqu'alors ignorés de nos codes, et qui, si l'on n'avise, menacent de devenir l'une des plaies de notre époque.

C'est dans cette pensée hautement moralisatrice que M. Bérenger vint à Marseille, dans les derniers jours de 1902 et nous fit une magnifique conférence, dont le résultat immédiat a été d'élargir le rôle et les attributions de la Ligue. Je vous demande la permission d'en résumer en peu de mots l'esprit général, ne fût-ce que pour mieux préciser notre nouveau programme.

Dans un langage profondément ému M. Bérenger vint flétrir devant nous un crime trop longtemps resté à peu près impuni, cet abominable trafic justement dénommé *La Traite des Blanches*, aujourd'hui organisé à travers les deux mondes comme le plus légitime des négoces. Il nous dit comment, en France, un écrivain d'un beau talent et d'un grand cœur, Mme *Arvéde Barine*, avait la première révélé, à l'étonnement de tous, la disparition, chaque année, de plusieurs milliers de jeunes filles du peuple enlevées à leurs familles par la séduction ou la fraude et perdues sans retour ; — comment, en Angleterre, un admirable philanthrope, M. Goods, secrétaire général d'une puissante association, *La National Vigilance*, avait pris l'héroïque initiative d'un véritable pèlerinage à travers toute l'Europe pour dénoncer ce crime de lèse-humanité, et était parvenu à provoquer la formation de groupements considérables, placés désormais sous le haut et glorieux patronage des Souveraines de Russie, d'Allemagne, d'Italie ; — comment enfin l'opinion publique, partout soulevée, avait déterminé la réunion successive de Congrès particulière à Londres, à Paris, à Francfort (1898-1902), puis la *Conférence Internationale* de Paris (1902 juillet) qui, forte de son caractère officiel et diplomatique, avait proclamé l'urgente nécessité de poursuivre partout le fléau croissant, et le devoir pour tous les États civilisés de modifier leur législation locale en cette matière et d'établir une entente internationale qui permette d'atteindre désormais les trafiquants au-delà même des frontières où le crime aura été commis.

A son éloquent plaidoyer en faveur des victimes de la Traite, M. Bérenger n'oublia pas d'ajouter qu'il fallait en même temps redoubler d'efforts contre la *Licence des rues* contre *la Pornographie* devenue l'école journalière de la démoralisation publique.

C'est ainsi, Mesdames et Messieurs. que sous la pressante impulsion de notre vénéré chef, nous avons assumé dans notre programme une double tâche singulièrement délicate et difficile à remplir, parce que les deux délits, ou plutôt les deux crimes moraux, se commettent dans des conditions bien différentes et exigeraient, pour être efficacement combattues, des armes également différentes.

L'un de ces crimes *la Traite des Blanches*, met son habileté à se dissimuler, à tromper toute surveillance, à dépister toutes les investigations. Il cherche à se rendre insaisissable, et, par surcroît, il a souvent la tacite complicité de certaines de ses victimes.

L'autre délit, au contraire, *la Pornographie*, s'affiche au grand jour, et trône aux devantures des librairies et des kiosques, dans les gares. C'est une industrie florissante. très lucrative, qui appelle et provoque les passants, qui se plaît à exhiber toutes les tentations de la luxure, à allumer toutes les convoitises de la chair, et elle attire une foule de spectateurs, les mêmes peut-être qui vont écouter et applaudir dans nos principaux théâtres les dialogues les plus crus, les scènes les plus osées, les plus déshabillées.

Comment donc atteindre et entraver ces criminelles industries, l'une qui se dérobe sous tous les déguisements, l'autre qui s'étale en pleine lumière, sous tous les aspects.

Le rapport de notre Secrétaire Général vous dira sous quelle forme et dans quelle mesure notre Comité a conduit la lutte pendant l'année écoulée. Nous avons tenté de faire bien ; peut-être eussions-nous pu faire plus et mieux. A vous d'en juger, et de nous indiquer, si vous en connaissez, des armes plus sûres, plus puissantes.

RAPPORT

de M. Augustin GARDAIR, secrétaire général

MESDAMES ET MESSIEURS,

On ne saurait s'occuper de ce qui intéresse à un titre quelconque la moralité publique, sans que le nom de M. Bérenger soit par là même invoqué.

C'est, en effet, à sa puissante initiative que sont dues les dernières mesures législatives qui ont été prises dans cette matière et aussi l'organisation soit à Paris soit en Province des œuvres destinées à faciliter l'application de ces mesures et à lutter contre le fléau qu'elles visent.

Nous nous souvenons tous, Mesdames et Messieurs, de l'admirable conférence donnée par M. Bérenger à Marseille, au mois de décembre 1902, et qui a immédiatement entraîné la constitution de notre ligue.

Loin de moi la pensée de vous rappeler, même brièvement, les considérations d'ordre supérieur développées ce jour-là par celui que nous devons aimer et respecter comme un Père, puisque c'est son souffle qui nous a inspirés, et que nous sommes nés des battements de son cœur.

Ce rôle ne m'est point échu; le mien est plus modeste et je n'aurai garde d'en sortir.

Il consistera à vous faire connaître le résultat des premiers efforts auxquels nous nous sommes livrés ensemble. Vous ne vous êtes jamais dissimulé à quel point la tâche était ardue et difficile. Attaquer de front un mal aussi

2

redoutable par son ancienneté, par les mille formes qu'il revêt, par la complicité de ceux-là même qui en sont les victimes, souvent volontaires, n'était certes pas aisé.

Il fallait pourtant tenter quelque chose ; vous avez pensé qu'il était criminel de demeurer inactifs, sinon impassibles, en présence d'un pareil péril social; vous vous êtes pénétrés de cette vérité enseignée par l'histoire, à savoir que la prospérité des nations est liée à la moralité publique ; vous n'avez pas voulu que la ville de Marseille restât en-dehors du mouvement général qui s'est heureusement produit depuis quelques années en France et à l'étranger, pour protester et réagir contre la licence des mœurs sous toutes ses formes, et vous avez justement estimé que plus le mal était grand et profond, plus il était urgent et indispensable d'y porter remède.

Votre Ligue, Mesdames et Messieurs, qui a obtenu la capacité juridique ainsi qu'il résulte de l'insertion publiée au *Journal Officiel* le 5 mai 1903, a eu, dès l'origine, un double but indiqué dans son sous-titre :

Lutte contre la traite des Blanches.

Lutte contre la licence des rues.

Je vais vous faire part de ce que nous avons pu réaliser à l'un et à l'autre de ces deux points de vue.

En ce qui concerne, tout d'abord, la traite des blanches, vous savez que les Pouvoirs publics sont aujourd'hui et depuis peu, infiniment mieux armés qu'ils ne l'étaient auparavant.

Vous savez qu'à la suite de la conférence internationale de juillet 1902 — que notre gouvernement a eu le grand honneur de provoquer — et qui a abouti à une convention diplomatique visant l'établissement d'une législation internationale, ainsi qu'à diverses mesures administratives, de la plus grande utilité pratique, c'est encore

notre pays qui a le premier amélioré sa propre
législation.

Avant la loi du 3 avril 1903, et depuis la loi du 27 mai
1885 qui avait déjà réalisé quelques progrès, les individus,
avec ou sans domicile certain, qui ne tiraient leur sub-
sistance que du fait de faciliter, sur la voie publique, la
prostitution d'autrui, étaient punis seulement des peines
édictées contre le vagabondage.

De plus, un seul fait ne suffisait pas pour qu'il y eût
délit ; il fallait : l'habitude. Il était donc nécessaire de
surprendre le coupable sur la voie publique, en flagrant
délit et dans une série d'actes. C'était l'impunité
presque assurée pour les souteneurs, qui constituent
pourtant un danger social considérable, puisque l'expérience démontre, qu'en dehors même de leur abominable
métier, la plupart des crimes et la presque unanimité des
vols par violence et des attaques nocturnes sont commis
par eux.

Aujourd'hui, le fait d'embauchage en vue de la débauche d'une femme ou d'une fille mineure — pris en lui-
même, constitue un délit, même s'il est isolé, même s'il
est accompli du consentement de la victime. Quant à
l'embauchage des femmes ou des filles majeures, il n'est
puni il est vrai, que si leur consentement a été obtenu par
fraude ou violence.

Mais la peine peut être dans les deux cas de 6 mois à
3 ans de prison et de 50 à 5.000 francs d'amende.

La nouvelle loi vise, en outre, la rétention dans les
maisons de débauche, ainsi que la participation hélas !
si fréquente des parents dans l'accomplissement du délit
— cas pour lequel la peine sera de 3 à 5 ans de prison.

Enfin les poursuites pourront être exercées, et ceci est
capital, même si les divers actes qui constituent les

éléments du délit ont été accomplis dans des pays différents.

Tel est actuellement, Mesdames et Messieurs, l'état de la Législation en France. Il en résulte que la Société dispose désormais de moyens d'action réels et efficaces pour combattre cet odieux trafic, qui a trop duré et doit disparaître, si les pouvoirs publics, comme le public lui-même y sont fermement résolus.

En fait, comment s'opère ce trafic ?

Nous l'avons appris notamment par le distingué et dévoué commissaire spécial M. Lesbre, qui a bien voulu nous fournir le concours doublement précieux de son expérience et de son autorité.

C'est une organisation complète que je dois vous faire connaître, et je m'en excuse d'avance.

Les auteurs directs sinon principaux des faits aujourd'hui délictueux que nous visons, sont désignés sous le nom de recruteurs.

Ils sont chargés de préparer la voie en s'adressant de préférence aux mineures et à celles qu'ils appellent dans leur ignoble langage « la marchandise neuve ». Ils sont très généralement jeunes, d'un physique agréable et élégamment vêtus. Ils s'appliquent tout d'abord à se faire aimer par les jeunes filles qui sont à la convenance des chefs recruteurs, pour le compte desquels ils agissent, et auxquels ils les ont préalablement signalées ; ils en font peu à peu leurs maîtresses, et, pour arriver à leur but, qui est de les livrer sans défense, ils s'efforcent de les démoraliser, en les conduisant dans les lieux de plaisir et en les endettant.

Les individus qui opèrent de la sorte sont à la solde des grands recruteurs, ces derniers étant eux-mêmes les pourvoyeurs attitrés de toutes les maisons de prostitution du globe avec lesquelles ils sont en relations commerciales suivies.

Quelquefois aussi, la jeune fille est livrée au pourvoyeur sous le prétexte de trouver auprès de lui, ou par son intermédiaire, la place avantageuse toujours convoitée. On la fait partir en lui promettant cette place. Arrivée à destination, on lui apprend que la place est prise, mais qu'elle ne peut tarder à en trouver une autre. En attendant, elle est logée à l'hôtel où on lui fait crédit. Sans ressources, elle est bientôt endettée. La voilà désespérée. On lui fait connaître alors ce qu'elle doit faire pour sortir d'une situation aussi triste. Si elle refuse, on s'oppose à son départ. Et la pauvre fille, se sentant perdue, sans défense, sans conseils, prisonnière de ses bourreaux, ignorante de la langue du pays où se déroule le drame, finit par céder.

Voilà le fait dans toute sa brutalité et dans toute son horreur.

Le problème consiste donc à empêcher ces malheureuses d'être définitivement livrées aux établissements qui les exploiteraient aussi longtemps que cette exploitation serait profitable, et les garderaient jusque-là, prisonnières, pour les rejeter ensuite au ruisseau.

Pour résoudre ce problème il faut, cela se conçoit, agir préventivement, c'est-à-dire exercer la surveillance la plus active à l'embarquement (car c'est le plus souvent vers les pays d'outre-mer que sont dirigés les sujets embauchés), et aussi à la gare, en ville et dans les bureaux de placement.

C'est cette surveillance, mesdames et messieurs, que nous nous sommes appliqués à organiser. Certes, nous sommes bien loin encore de nous déclarer pleinement satisfaits, mais nous sommes plus loin encore de nous laisser aller au découragement.

Quelle est l'entreprise qui donne du premier coup, le maximum du profit qu'on en attend ?

Et la nôtre est, entre toutes, délicate et ingrate. — Constatons donc les résultats obtenus et poursuivons notre tâche sans défaillance.

Il fallait tout d'abord se préoccuper d'empêcher le départ de Marseille des jeunes filles recrutées à Marseille même, ou recrutées au-dehors et de passage dans notre ville.

Deux œuvres existaient déjà qui poursuivaient ce but spécialement à la gare.

La plus ancienne était : L'union Internationale des amies de la jeune fille, dont la présidente pour la section de Marseille est Mme Eynard de Montricher. L'autre, plus récente, était l'œuvre catholique internationale pour la protection de la jeune fille, que dirige Mlle Budd. Nous avons estimé que loin de songer à absorber ou à remplacer ces deux œuvres si utiles et qui ont à leur tête les deux Dames si respectées que je viens de nommer, qu'on ne saurait trop louer de leur zèle intelligent et de leur charitable initiative, il importait au contraire, de les conserver et de mettre à leur disposition notre concours et notre influence.

C'est ce que nous avons fait. Nous nous sommes alors employés à obtenir de l'administration du chemin de fer un local spécial dans la gare, qui facilitera et assurera la surveillance d'une façon constante.

De plus, nous avons décidé de subventionner ces œuvres toutes les fois que nous aurions à confier à l'une ou à l'autre une femme ou une jeune fille que nous aurions sauvée.

Elles ont, en effet, l'une et l'autre, des asiles parfaitement installés : l'Asile Florence Crittenton et la Maison d'Accueil. Nous avons eu la très grande satisfaction de

visiter ces asiles, et nous sommes heureux de constater
que nos malheureuses clientes y trouveront toujours et y
ont déjà trouvé, à l'occasion, tous les soins moraux et
matériels qui leur sont si nécessaires.

Une autre institution qui nous est fort utile, et avec
laquelle nous entretenons une collaboration continuelle,
c'est le patronage des libérés et des adolescents que je ne
saurais omettre et par l'intermédiaire duquel nous avons
pu assurer, au moins pendant un certain temps, le sort
de plusieurs sujets ou opérer leur rapatriement.

Nous n'avons pas eu jusqu'ici, Mesdames et Messieurs,
à nous occuper de nombreux cas particuliers. Me permet-
tez-vous toutefois de vous en citer quelques-uns qui
convaincront les plus incrédules, (s'il en était encore par-
mi vous, ce que je me refuse à admettre), de la réelle
utilité de votre œuvre.

Deux jeunes filles de 18 ans sont un jour accompagnées
à bord par des recruteurs. Leur passage était déjà payé.
Avec son flair habituel, M. Lesbre (dont vous connaissez
déjà tout le dévouement à notre cause) remarque les allu-
res singulières du petit groupe. Il le fait comparaître
devant lui. Un court interrogatoire lui permet de constater qu'il ne s'est pas trompé. Sans hésiter il dresse procès-
verbal, empêche le départ des jeunes filles et fait appeler
les parents, qui les retrouvent et les reprennent avec
joie.

Je relève encore, dans le registre des procès-verbaux de
nos travaux, le cas d'une jeune fille qui avait été recrutée
dans un bureau de placement, et qui, n'ayant aucune pièce
de nature à établir son identité, a pu être retenue en France au moment où elle allait s'embarquer à destination
de Buenos-Ayres.

Une autre jeune fille de quatorze ans, placée comme
domestique à Auch, avait été entraînée à Marseille par

une de ses camarades. Là elles ne tardèrent pas à rencontrer deux souteneurs, qui les vendirent à une maison de débauche. La police des mœurs reconnut l'âge de la plus jeune. Sur sa dénonciation, les coupables furent arrêtés, poursuivis et condamnés. Quand à elle, tous l'avons fait entrer à la maison d'accueil, d'où elle est sortie pour retourner auprès de ses parents.

La même maison d'accueil a également reçu, pendant un certain temps, une jeune fille de 18 ans, qui avait été placée comme institutrice à l'étranger et qui, se trouvant hélas ! enceinte, était revenue en France. Nous l'avons rapatriée chez elle à Paris.

Je mentionnerai en outre le cas d'une jeune fille de 15 ans, rapatriée chez elle à Bordeaux, et dont le départ a été empêché, alors qu'elle allait s'embarquer pour la Tunisie, en compagnie d'un homme dont elle disait être la domestique, ce qui, renseignements pris, fut reconnu inexact.

Nous avons eu aussi à nous occuper d'une mineure qui, après avoir été détournée par un mauvais sujet, était entrée dans une maison mal famée.

Les démarches que nous avons faites ont abouti d'abord à sa détention par voie de correction paternelle, et ensuite, avec le concours de la Société de Patronage, à son placement dans l'établissement de la Solitude de Nazareth à Montpellier.

Voilà, Mesdames et Messieurs, les exemples que je tenais à vous faire connaître. Ils suffisent, ce me semble à montrer qu'on peu faire beaucoup de bien.

Ils doivent, dans tous les cas, nous encourager à persévérer et à multiplier nos efforts en vue de la découverte, de l'amendement et de la répression des faits de même nature, malheureusement si fréquents.

C'est comme vous le voyez à bord des navires et à la gare qu'il y a tout naturellement le plus à faire. Je vous ai parlé de la gare. Pour les navires, notre grand collaborateur, je ne saurais trop le répéter, est M. Lesbre, commissaire spécial des ports. Nous inspirant de ses sages avis et après maintes délibérations, nous avons décidé : 1° De placer à bord de tous les navires des écriteaux encadrés, destinés à appeler l'attention des femmes ou jeunes filles en danger, et à leur faire connaître les adresses des différentes œuvres du monde entier auprès desquelles elles pourraient trouver l'appui nécessaire, le cas échéant ; 2° d'obtenir des consulats l'intervention la plus active, en vertu d'instructions que nous avons sollicitées du ministère des Affaires Étrangères ; 3° de nous assurer le concours de tous les capitaines et de leur remettre à cet effet des circulaires leur rappelant le but que nous poursuivons et les moyens d'action que nous entendons mettre en œuvre. Des exemplaires de ces écriteaux et de ces circulaires sont là, à la disposition de ceux d'entre vous qui désireraient en prendre connaissance.

Tout cela est en grande partie réalisé à l'heure actuelle, ou le sera incessamment, et je suis heureux de proclamer la bonne volonté et la sympathie que nous avons rencontrées auprès des compagnies de navigation et des armateurs avec lesquels nous avons dû nous mettre en rapports.

Il me reste, Mesdames et Messieurs, à vous entretenir de ce que nous avons appelé « La Licence des rues ». Je le ferai brièvement pour ne pas abuser de vos instants. D'ailleurs, s'il y a, à cet égard, beaucoup à faire aussi, il y a bien moins à dire.

L'état de choses qui vous a frappés, quand vous avez créé la Ligue, et qui consiste dans la publicité de la Pornographie sous toutes ses formes, est encore aujourd'hui, à Marseille, à peu de choses près, ce qu'il était à cette épo-

que, et si, par intervalles, nous avons pu croire à une amélioration définitive en ce qui touche notamment les étalages des marchands de journaux et des cartes postales, — nous sommes loin, là encore, de nous considérer comme satisfaits.

Nous continuerons pourtant à lutter par tous les moyens en notre pouvoir. Les armes que nous avons, ne sont encore ni bien solides ni bien redoutables, mais nous sommes résolus à ne jamais les déposer.

Pendant les quelques mois effectifs qu'a duré notre premier exercice et qui ont suivi la période assez longue de notre organisation nous ne sommes pas demeurés inactifs, nous nous sommes successivement occupés des cinématographes, des ventes de journaux obscènes sur la voie publique, des ventes de ces mêmes journaux dans les voitures de tramways.

Mais si nous avons pu parfois obtenir quelque amélioriation passagère, nous devons avouer que, dans la plupart des cas, le mal auquel nous avons déclaré la guerre n'a pas tardé à reparaître.

Notons toutefois le plein succès que nous avons eu auprès de la Compagnie des Tramways des Bouches-du-Rhône (ligne Aix-Marseille) qui, à notre demande, n'a pas hésité à donner les instructions les plus sévères à son personnel pour que l'accès de ses voitures fût interdit aux jeunes et trop jeunes camelots qui mettaient sous les yeux des voyageurs et leur offraient à prix réduit des numéros anciens de journaux ornés des images les plus éhontées.

Notons encore la pétition adressée dans le même ordre d'idées à la Compagnie Française des Tramways par un groupe de personnes justement indignées, pétition que nous avons publiée dans les journaux, mais qui n'a pas produit un effet suffisant, et sur l'objet de laquelle nous nous proposons de revenir avec toute l'insistance nécessaire, en mettant en jeu les influences dont nous disposerons.

Il nous faut, pour la licence des rues, compter sur le Parquet et sur la municipalité. Nous sommes en bons rapports et en excellents termes avec eux ; notre vénéré et bienaimé président M. Delibes, ce modèle de toutes les vertus civiques, que nous ne saurions saluer trop bas, toujours sur la brèche, avec le dévouement sans bornes, et l'immense compétence qu'il met au service des œuvres qu'il dirige et en particulier de la Ligue, a fait, à plusieurs reprises les démarches les plus pressantes auprès des diverses autorités.

Toutes les fois qu'un fait se produit qui intéresse la moralité publique nous nous y intéressons nous-mêmes et affirmons par là notre existence.

Ainsi, quand M. le Maire de Marseille a eu l'heureuse inspiration d'interdire les représentations annoncées d'un spectacle outrageant pour les bonnes mœurs, qui avait pour titre « Chair ardente », nous l'avons remercié au nom de la partie saine de la population, et félicité de cet acte d'énergie peu banal, à la triste époque d'énervement moral qui est la nôtre.

L'ennemi que nous avons commencé à harceler et que nous nous engageons à poursuivre sans trève ni merci — est rusé et peu saisissable. Sa force consiste non-seulement dans les vices d'un grand nombre d'hommes, mais aussi et surtout dans l'indifférence de l'immense majorité du public.

C'est cette indifférence, Mesdames, Messieurs, qu'il faudrait une fois pour toutes secouer.

Nous publions périodiquement des avis dans les journaux pour rappeler notre existence, et nous tenir à la disposition de ceux qui auraient besoin de nos services ou qui pourraient nous signaler des faits intéressants.

Nous ne saurions trop insister pour que ces appels soient entendus et répercutés par chacun de vous.

Que tous ceux qui ont à pâtir personnellement, et surtout dans leurs enfants, de la « licence des rues » soient bien décidés à la combattre ! Le succès ne manquera pas de couronner leurs efforts, car ils sont, je le répète, l'immense majorité.

Formons donc ensemble le vœu de voir enfin les honnêtes gens corrigés de ce défaut qui consiste à ne savoir mesurer ni leur nombre ni leur force, sortir de la léthargie malsaine qui les engourdit, et réclamer comme un droit sacré le respect de la pudeur publique. Le jour qui verra ce réveil verra aussi la disparition de la pornographie.

RAPPORT

de M. Charles VINCENS, trésorier

MESDAMES, MESSIEURS,

Vous venez d'entendre le rapport de notre dévoué Secrétaire général sur la situation morale, dirais-je, de notre Association. Je viens, maintenant, vous rendre compte de la situation financière, car il faut bien, dans cette Association toute moralisatrice, parler cependant d'argent puisque, pour elle comme pour bien d'autres, c'est l'argent qui est le nerf de la guerre. Et vous savez que c'est une guerre sans merci que nous voulons faire à l'immoralité publique.

Il ne faudrait pas cependant, Mesdames et Messieurs, vous méprendre sur ma qualité de trésorier, qui semblerait indiquer que j'ai la garde d'un trésor, c'est-à-dire d'une forte réserve en numéraire. Il s'en faut, car nous ne sommes riches pour le moment qu'en dévouement et, vous l'avez vu déjà, en résultats moraux : mais, au point de vue spécialement financier, notre œuvre naissante ne pouvait avoir qu'une miniature de budget.

En effet, notre premier exercice est à peu près nul : car si nous avons dépensé seulement 39 francs pour l'enregistrement de notre acte de Société et en imprimés de quittances, celles-ci sont loin d'être toutes utilisées; car, il faut bien que je vous avoue notre détresse, nous n'avons encaissé que fr. 235. — Toutefois, ce chiffre minuscule est plus important qu'il n'en a l'air, puisqu'il ne

représente pas moins de 114 souscriptions et, par consé-
quent, de 114 encaissements, qui exigent autant de cour-
ses pour 1 ou 2 francs que pour 20 ou 25 francs.

En voici le détail :

85 souscriptions à	1 F. soit	F.	85
6 »	2 »	»	12
3 »	3 »	»	9
1 »	4 »	»	4
13 »	5 »	»	65
6 »	10 »	»	60

A ces F. 235
il faut ajouter un reliquat de. . . .   » 27
sur les souscriptions pour la conférence de M. le sénateur Bérenger.

Nous avons donc encaissé en 1903. . . . . F. 262
contre une dépense de. . . . . F. 39
indiquée ci-dessus.

Du rapprochement de ces chiffres, il résulte
un solde de . . . . F. 223
en caisse au 31 décembre 1903.

Mais vous voyez, Mesdames et Messieurs, que, dans
notre Association surtout, il n'y a rien de petit, puisque
ce solde en caisse ne représente pas moins de 85 o/o
de nos recettes; et quelle est l'institution qui pourrait
présenter un tel boni ? Pour un exercice de début, c'est
donc là un encouragement sérieux.

Cependant, c'est aussi dans notre Association que les
Bilans se suivent et ne se ressemblent pas : en effet, à

mesure que nous essayons nos forces et que nous entrons
plus résolument dans l'action, nous nous heurtons à des
nécessités de dépenses qui, à ce quatrième mois déjà de
notre deuxième année, ont absorbé beaucoup plus que le
modeste reliquat de 1903. Nous avons dû faire imprimer
nos statuts, donner quelque gratification aux employés de
la « Marseillaise » qui veulent bien nous aider toute l'année à titre gracieux dans les détails matériels de notre
action. Il nous a fallu commander ces affiches préserva-
trices et secourables dont on vient de vous parler, et que
les Compagnies de Navigation ont bien voulu nous auto-
riser à placer dans les salons de leurs paquebots. —
Quelque bon vouloir que nous ayons rencontré chez les
imprimeur et encadreur pour réduire autant que pos-
sible les prix, nous avons dû payer environ 400 francs de
factures.

En outre, nous avons remboursé au Patronage des
Libérés la dépense faite par cet Etablissement pour de
malheureuses jeunes filles arrachées par nous à d'infâmes
exploiteurs.

Et tout cela nous a conduits, dès ce commencement de
deuxième exercice, sur l'abime du déficit, que nous ne
saurions envisager sans en avoir le vertige. — Oserai-je
vous dire, Mesdames et Messieurs, que nous espérons le
combler avec votre généreux appui ?

Nous pourrons alors établir le devis de l'exercice actuel
en escomptant aussi une augmentation probable sur les
recettes de 1903. A mesure, en effet, que notre œuvre
démontre sa vitalité, elle est mieux connue et encore plus
appréciée par ses résultats consolants. Peut-être pou-
vons-nous espérer quelque subvention des Corps consti-
tués, qui ne peuvent rester indifférents à une question

d'hygiène morale, et je ne crois pas être trop rêveur en portant pour 1904 une prévision de recettes de Fr. 1.000

Comme dépense, nous n'aurons plus que des frais de propagande : grâce à notre très distingué Président qui, vous le savez, est à la tête de la Société Mutuelle « La Marseillaise », nous recevons dans l'immeuble de cette importante Société une hospitalité vraiment écossaise, qui constitue pour nous une heureuse économie.

L'impression du compte rendu, les affranchissements, propagande, menus frais, etc. peuvent être calculés, largement, à.................. Fr. 600

de telle sorte que nous bouclerons notre deuxième budget avec un excédent de recettes de....... Fr. 400

qui commenceront à former une caisse de secours indispensable pour les misères morales et autres auxquelles nous avons à donner une aide prompte toujours, et puissante souvent.

Mais pour cela, votre concours empressé, généreux, nous est indispensable, Mesdames et Messieurs. Nous vous prions de considérer que si chacun de vous nous apporte seulement une adhésion de plus, dans le courant de l'année, notre nombre sera aussitôt doublé ; et la cotisation que vous demanderez pour notre œuvre est bien minime, certes, non seulement en elle même, mais surtout en regard de la grandeur du but que nous poursuivons. Je me permets, d'ailleurs, de vous rappeler que si nous recevons avec reconnaissance la plus petite offrande, nous ne sommes pas insensibles à de fortes souscriptions.

Le Trésorier,

Ch. VINCENS.

Marseille, 26 Avril 1904.

M. le Président Delibes prend de nouveau la parole et s'exprime ainsi :

MESDAMES, MESSIEURS,

Les deux rapports qu'on vient de vous lire, et que vous avez bien voulu confirmer de votre approbation unanime, vous donnent en toute exactitude la situation morale et financière de votre Comité marseillais.

Notre bilan doit vous paraître, ce qu'il est en effet, assez mince. Nous sommes forcément limités dans notre action par l'exiguïté de nos ressources. Nous voudrions être plus riches pour faire mieux et davantage ; nous ne pouvons qu'en appeler à la généreuse sympathie de nos concitoyens, à l'intérêt bien entendu de toutes les familles pour leurs propres enfants. Nous serions trop heureux de voir se réaliser les confiantes prévisions de notre dévoué trésorier, M. CHARLES VINCENS. Qu'il veuille bien recevoir du moins nos remerciements et nos félicitations !

Dans l'ordre moral, le très remarquable compte rendu de notre secrétaire général, M. A. GARDAIR, qui vous a dit en détail tous nos efforts, sinon nos succès, vous atteste au moins notre incontestable bonne volonté.

Mais, si nous n'avons pas fait autant que nous aurions voulu, nous avons toujours foi dans l'avenir. Nous trouvons des motifs d'encouragement dans les progrès de la Ligue devant l'opinion publique et devant le Parlement, même depuis la dernière visite de M. Bérenger. Divers faits en témoignent.

Ainsi, il y a un mois à peine, le 25 mars, le Sénat, après un substantiel et chaleureux discours de M. BÉRENGER lui-même, a voté à l'unanimité un projet de loi présenté

par le Gouvernement, confirmant et renforçant les lois de
1883 et 1898 sur la *Répression des outrages aux bonnes
mœurs*, c'est-à-dire contre la *Pornographie*, loi excellente,
pourvu que l'application en soit ferme et constante. Elle
peut être certainement d'une utile efficacité dans notre
lutte contre la *Licence des Rues*.

D'autre part, en ce qui concerne la *Traite des Blanches*,
c'est la France (comme on vous le montrait tout à l'heure)
qui la première a rectifié sa législation pénale et l'a rendue
justement plus prévoyante et plus sévère contre les individus vivant de la prostitution d'autrui. Elle a donc eu
l'honneur de l'initiative ; elle a de plus la grande satisfaction d'avoir vu la plupart des gouvernements adhérer aux
principes émis dans la Conférence internationale de Paris
(15 juillet 1902) et adopter les mêmes mesures de surveillance et de répression contre le fléau maintenant commun
à toutes les nations.

En Espagne, au cours de l'année dernière, l'Infante
Isabelle prenait la Ligue sous son patronage, — et d'éner-
giques mesures, administratives ou pénales, sauvaient
une centaine de jeunes filles et frappaient 54 trafiquants.
En Italie, en Pologne, en Russie, de généreuses donations
permettaient de créer à Milan, à Rome, à Varsovie, à
Saint-Pétersbourg, des asiles ou des refuges pour jeunes
filles venues de l'étranger. Noble émulation qu'on ne saurait trop admirer !

En France plusieurs villes (Lyon, Bordeaux, etc)
avaient devancé cet exemple, ou l'ont suivi.

Marseille ne pouvait rester en arrière. Elle comptait
déjà deux associations, catholique ou protestante, pour
la préservation de la jeune fille ; elle possède aussi deux
maisons d'accueil pour le même service. Deux de nos plus
dévouées collaboratrices, Mme Aynard de Montricher et
Mlle Budd, ont pris ces asiles sous leur soin et prouvent

par leur exemple que la différence des croyances n'empêche pas la fusion des cœurs dans la pratique du bien. Qu'elles veuillent recevoir au même titre l'hommage public de notre gratitude !

Et puisque j'en suis heureusement arrivé à proclamer les concours personnels ou collectifs qui nous ont aplani et nous applanissent encore les difficultés d'organisation et de perfectionnement, je ne crains pas de faire double emploi en m'associant à notre Secrétaire Général pour remercier notre collègue et ami M. *Eugène Rostand*, le très obligeant et très compétent rédacteur de nos statuts ; MM. les Directeurs de nos grandes Compagnies de navigation qui nous ont si bien accueillis et nous promettent une si précieuse assistance ; M. Lesbres, commissaire de la Gare, dont la clairvoyance a déjà sauvé de la perdition plus d'une malheureuse jeune fille étrangère à notre ville, et M. *Bailleul*, Directeur de la 30ᵉ circonscription pénitentiaire, notre très zélé collaborateur.

Merci, merci donc à tous ceux et à toutes celles qui veulent bien nous venir en aide.

Pourquoi d'ailleurs repousserait-on notre appel ? Que peut-on nous objecter ? Notre impuissance ? Mais vaut-il mieux s'avouer vaincu, sans avoir même tenté la lutte ? Notre œuvre est louable dans son but, comme dans sa conception première.

Nous ne nous posons nullement en censeurs rigides, intransigeants, hargneux ; nous ne prétendons imposer à personne une discipline morale inflexible ; nous laissons à chacun la responsabilité devant sa conscience de sa conduite privée.

Nous sommes tout simplement de ceux qui pensent que dans notre état de civilisation, avec nos préjugés traditionnels, « la loi d'airain » pèse déjà assez lourdement sur la femme, à quelque degré de l'échelle sociale qu'elle soit placée, sans l'appesantir encore sur les créatures les plus humbles, les plus désarmées pour la lutte vitale. Donc guerre implacable aux infâmes trafiquants qui exploitent la misère et l'ignorance de ces déshéritées ; jamais il n'y aura de législation internationale assez sévère pour atteindre et punir cet abominable négoce. La « Traite des Blanches » non réprimée resterait la honte de notre civilisation chrétienne.

Quant à notre lutte contre la pornographie, nous sommes encore tout simplement de ceux qui estiment que les rues, les promenades publiques appartiennent à tout le monde, — que personne n'y doit être offusqué, blessé, moralement contaminé par une stupide et impudique imagerie. La classe ouvrière, bien plus encore que la bourgeoise, devrait réclamer, exiger la décence de la voie publique ; c'est elle qui y est principalement intéressée. La famille bourgeoisie peut accompagner au dehors et surveiller ses jeunes enfants. Il en est tout autrement dans la famille des travailleurs : le père et la mère, retenus à l'atelier ou au magasin, se trouvent condamnés par la fatalité de leur situation à abandonner leurs enfants aux pires suggestions de la rue.

Or, ne savons-nous pas qu'ici même les publications les plus malsaines, aux titres les plus éhontés, sont partout criées à tue-tête, qu'elles vont attendre et solliciter la jeune fille à la sortie du travail, et la préparent ainsi aux obsessions de misérables séducteurs ?

Nous, qui nous estimons la classe dirigeante, avons-nous le droit de regarder avec indifférence cette diffusion d'immoralité, et de fermer les yeux sur les funestes conséquences que forcément elle entraînera ? N'y a-t-il pas là un danger grandissant pour l'avenir des nouvelles générations ?

On a dit avec raison que l'exemple du bien doit venir d'en haut, mais il est tout aussi vrai que la contagion du mal remonte d'en bas et gagne les sommets supérieurs, triste échange qui finit par une expiation commune !

Pensons-y sérieusement, Messieurs, toute démocratie, — et qu'on le veuille ou non, nous sommes et resterons en démocratie, — toute démocratie corrompue est en péril. Le jour où, de bas en haut, elle n'a plus que le souci des jouissances brutales, des appétits matériels, elle est mûre pour toutes les servitudes. Ni les sciences, ni les arts, ni les lettres, ni la force même ne suffisent long-temps à la sauvegarder. Voyez et interrogez le passé. Les Républiques grecques, romaine, italiennes, n'ont-elles pas sombré en plein épanouissement littéraire, scientifique, artistique, mais en même temps en plein débordement de dépravation morale ? Et n'ont-elles pas expié par des siè-cles d'humiliation et de souffrances leurs journées et leurs nuits de fêtes éblouissantes et d'énivrantes voluptés ? Terrible leçon pour les démocraties qui ne savent pas défendre et conserver leur dignité, leur santé morale !

Si modeste que soit notre Association, nous servons donc la démocratie, en pourchassant les vices qui la déshonorent et l'affaiblissent, en dénonçant les industries qui spéculent sur les plus bas instincts de la bête humaine.

Nous faisons acte de bons citoyens en appelant à nous tous les concours, sans distinction de condition sociale, ni d'opinion politique, religieuse ou philosophique. Nous méritons d'être entendus, et nous espérons l'être de vous tous.

Oui, venez à nous, Messieurs, vous qui avez l'esprit clairvoyant et le cœur haut placé ; venez à nous, vous surtout, Mesdames, prenez en pitié ces infortunées qui, même déchues, n'en restent pas moins vos sœurs devant Dieu! Faites par vos adhésions empressées, par votre assistance secourable, qu'on ne puisse pas répéter à propos de notre Ligue la parole découragée : « *Vox cla-* « *mantis in deserto*. Ce n'est qu'une voix de plus qui crie « dans le désert ! »

Marseille. — Typ. et Lith. BARLATIER, rue Venture, 19.

IMPRIMERIE·DV·SEMAPHORE

MARSEILLE

www.ingramcontent.com/pod-product-compliance
Lightning Source LLC
Chambersburg PA
CBHW060814280326
41934CB00010B/2682